अधूरा इश्क, अधूरे हम

पुनीत शर्मा

First Published in April 2023

ISBN: 978-93-5741-531-6

BLUEROSE PUBLISHERS

www.BlueRoseONE.com

info@bluerosepublishers.com

+91 8882 898 898

Cover Design:

Muskan Sachdeva

Typographic Design:

Hemlata

Distributed by: BlueRose, Amazon, Flipkart

समर्पण

"अधूरा इश्क, अधूरे हम"

उस भावना को समर्पित है

जिसमें प्यार है, अपनापन है, समर्पण है।

प्रस्तावना

कल हम तुम ना होंगे, ना कोई गिला शिक़वा होगा,
बस इन थोड़ी सी यादों का सिलसिला होगा
चलो बिता लें कुछ और पल हम साथ में,
ना जाने कल किस्मत का क्या फैसला होगा

ज़िन्दगी में ना जाने कितने लोग हमें मिलते हैं। उनमें से कुछ को हम भूल जाते हैं और कुछ हमें भूल जाते हैं। कुछ ऐसे भी लोग होते हैं जो याद तो आते हैं पर उनसे मुलाक़ातें नहीं हो पाती हैं।

"अधूरा इश्क, अधूरे हम" उन लोगों के लिए मेरी एक कोशिश है जिन्हें हम भूल भी नहीं पाते और मिल भी नहीं पाते।

स्वीकृति

"अधूरा इश्क, अधूरे हम" की परिकल्पना मैनें अपने जज़बातों को शब्दों में पिरोने की कोशिश सोच कर की है।

इस कोशिश में मेरी यादों के अलावा बहुत से लोगों का भी योगदान है। सबसे पहले मैं अपने माता पिता श्री बलदेव दत्त जी और स्वर्गीय श्रीमती स्वर्ण लता जी को धन्यवाद देता हूँ जिन्होनें मुझे इस दुनिया में ला कर, अच्छी परवरिश दे कर इस काबिल बनाया कि मैं इस मुकाम पे पहुँचा हूँ।

मैं अपने गुरुजनों का आभारी हूँ जिन्होनें शिक्षा और मार्गदर्शन से मुझे अपने सोचने और लिखने के कौशल को दिशा दी।

मैं अपने मित्रों और शुभचिंतकों का भी आभारी हूँ जिन्होनें मुझे प्रोत्साहित किया और साथ ही मेरी गलतियाँ सुधारने में भी मदद की।

अंत में मैं अपनी भार्या पूजा और सुपुत्री पराकाष्ठा का कोटि कोटि आभार प्रकट करता हूँ जिन्होनें मुझे ये कविताएँ लिखने के लिए हमेशा मेरा हौंसला बढ़ाया और साथ दिया।

1.

चाहे दिन हो या रात हो, जैसे भी हालात हों
तू मुझ पे अपना पूरा हक़ जताया कर

मैं अगर ना भी बांटू अपने ग़म, और तुझ से भी ना पूछूँ
तू फिर भी मुझे अपनी हर बात बताया कर

रात तेरी खुमारी में मस्त हो हम सो जाएं
सुबह अपने नरम एहसास से तू हमें जगाया कर

परेशान हो कर भी अच्छा लगता है मुझे
दिन रात जी भर के तू मुझे सताया कर

चाहे घूर के देख या आँखें तरेर कर मुझे
बस, उदास हो कर पलकें ना झुकाया कर

दुनिया हमें सिखा ही देगी सब आड़े तिरछे काम
तू बस हमें सरग़ोशी से प्यार करना सिखाया कर

2.

कुछ यूं ज़रुरी हो मेरे लिए कि
गर हो जाओ तुम मेरी,
तो इस जहाँ की कोई ख्वाहिश
ज़रुरी नहीं लगेगी

बस इतना ही दूर रहना है
कि बात ना भी हो,
तो भी यह दूरी,
दूरी नहीं लगेगी

मुहब्बत तुम्हारी पा लूं तो
फिर सब ठीक हो जाए,
ज़िन्दगी किसी भी लिहाज़ से
अधूरी नहीं लगेगी

३.

जिस भी रास्ते पे मैं चला, दुनिया ने गलत ठहराया मुझको,
सोचता हूँ मैं भी इस दुनिया की डगर पे चल जाऊँ तो अच्छा है

अब तक इस जहाँ ने नाकारा ही ठहराया है मुझे,
इस मुक़ाम पे आ कर कुछ यादग़ार कर जाऊँ तो अच्छा है

वादे किए थे जिसके साथ जीने मरने के, वो दिलबर भी बेवफ़ा निकला,
मैं भी उन वादों से अब मुकर जाऊँ तो अच्छा है

मेरी खुशी, मेरा जीना भाता नहीं इस जहाँ को,
इसे खुश रखने के लिए ही मर जाऊँ तो अच्छा है।

4.

पूरी शिद्दत से निभाया है मैंने,
सिलसिला बस चलता रहे जो ये इश्क़ आधा है मेरा

बदकिस्मती पे अपनी पशेमां होंगे,
वो मेरे जाने से परेशान होंगे, पक्का ये वादा है मेरा

हर अपने ने रूलाया है मुझे,
ग़र मौत साथ दे तो सबको रूलाने का इरादा है मेरा

5.

वो फूल जिसे ठुकराया था तुमने,
उसकी खुश्बू बन फ़िज़ा में बिखर जाएंगे हम

तुझे मिलना छोड़ तो दिया,
पर तेरी यादों को छोड़ किधर जाएंगे हम

ज़िंदगी जैसे गुज़र रही है,
लगता है जल्द ही गुज़र जाएंगे हम

6.

प्यार इश्क़ मुहब्बत के रंग सजाए थे फागुन ने,
पर जिन रंगों से तुमने खेली
वो होली कुछ और ही थी

मौसम की, दोस्तों की, इधर उधर की, बातें हमने बहुत की,
पर असल में जो करनी थी तुमसे,
वो बात हमारी कुछ और ही थी

करोड़ों की इस भीड़ में तुम्हें गलती से मिल गया मैं,
लगता है तुम्हारी नज़र को तलाश,
शायद किसी और की थी।

7.

लिखते हैं हम जो दिल में महसूस होता है,
पर हमारे शेरों में तुम्हारा ज़िक्र खुद से ज़्यादा है

जिनके उन्स की गरमी से मुर्दे जिस्म में जान आ जाए,
वो अपने इश्क के मारों के हाल से बेफिक्र सब से ज़्यादा है

गुस्सा इतना है कि तुझ से कभी बात ना करें
फिर भी दिल में तेरी फ़िक्र सब से ज़्यादा है।

8.

एक आदत सी लग गई है हमें
उन्हें हर पल याद करने की
और उनकी यादों ने ज़िद पकड़ी है
हमें पूरा बरबाद करने की

ना कोई बात, ना सोचने का मौका,
मोहलत तक नहीं दी फरियाद करने की

हमें दिए सिर्फ़ दर्द और आंसू उन्होंने,
और हमने कोई कसर ना छोड़ी उन्हें शाद करने की

9.

रंजो-ग़म से भरा है दिल,
कुछ सूकून के पल मिल जाएं,
सदियों से उजड़ा है ये चमन,
अब तो कुछ ग़ुल खिल जाएं

तड़पा तड़पा के इस दुनिया ने
चीर दिया है बदन मेरा,
कोई आके गले लगाए तो
ये ग़हरे चाक सिल जाएं

यूं तो दिलक़शी से दिल
भरा नहीं है मेरा लेकिन,
डरता हूं कहीं फिर से
वही बेवफ़ा सनम ना मिल जाएं

दिलबर के हाथ में खंजर,
और खंजर दफ्न इस सीने में
के देख कर ये मंज़र बाख़ुदा,
उस ख़ुदा की ख़ुदाई भी हिल जाएं

10.

उनसे दूर हो कर अब
ये दिल कहीं लगता नहीं
लगता है कि कहीं लग गया,
पर लगता नहीं

पहले मुझे छूने भर को
सभी पीछे पड़ जाते थे,
अब, ना सिर पे, ना दिल पे
कोई हाथ रखता नहीं

आखें बंद, कोई हरकत नहीं,
सोया नहीं हूँ शायद मर गया हूँ,
फिर भी सभी पूछते हैं,
क्यों ये शख़्स जगता नहीं

11.

तुम से दूर रह नहीं पाते हैं हम अब,
जुदा होके एक पल भी,
एक पहर लगता है।

तुम्हारी आँखों में मस्ती है शराब की लेकिन,
वो तिरछी निगाह से मुझे देखना,
उफ्फ, कहर लगता है

तेरे लहजे में वैसे तो शहद की है मिठास,
पर तेरा ग़ैर से बात करना
ज़हर लगता है।

12.

मुझे रात ज़्यादा पसंद है,
रात में हम सो जाते हैं
तब आते हैं ख़्वाब,
और ख़्वाबों में वो आते हैं।

कई बार ऐसा लगा है हमें,
कि हमें तन्हा छोड़ वो जाते हैं
फिर समझाया खुद को कि
वापस आने का दिलासा भी दे जाते हैं

झूठे दिलासे कब तक ठहरते,
अब कुछ भी सह नहीं पाते हैं
वादे टूटे, आस भी छूटी फिर भी,
इस दिल को हम समझाते हैं

वो आके बढ़ा देते हैं उम्मीदें,
और देके नए रोग जाते हैं
हम में ही है कोई कमी शायद,
वो सबसे कहाँ ऐसे पेश आते हैं।

13.

प्यार मांगा था सिर्फ तुम से,
जिसके बदले में लेकिन
मेरा सारा संसार गया

धन, दौलत, इज़्ज़त, शौहरत
मेरा अपना जो कुछ भी था,
मैं वो सब तुम पे वार गया

मैनें तुम से की थी मुहब्बत
जितनी मेरे बस में थी,
यार मैं फिर भी हार गया

14.

ज़रूरी नहीं कि तुझ से रोज़ मिलूं मैं,
तुझे याद करना भी,
तेरे दीदार से कम नहीं

तेरे दिए ग़मों में भी मुस्कुराता हूँ मैं
मेरे लिए तेरे दर्द भी,
क़रार से कम नहीं

आँखों में अश्क थे, होठों पे ना थी
ऐसा इन्कार भी,
इक़रार से कम नहीं

15.

सुबह, दोपहर, शाम, रात
जीवन का हर पल
मेरे नाम कर जाना

मैं जब माँगू तुम से कोई महंगा सा तोहफा,
तुम अपना सारा वक्त ले कर मेरे पास आ जाना

करनी है बातें कई तुम से बेतुकी बेवजह सी,
साथ में अपने तुम दो कप चाय भी ले आना

तुम्हारा जाना देख ना सकूंगा,
मुँह मोड़ लूंगा, तुम बस एक गुलाब मेरे सिरहाने रख जाना

उस गुलाब के सहारे ही कटेगी मेरी बाकी ज़िंदगी,
मेरी रुखसती पे, उसे मेरे साथ ही दफन कर जाना।

16.

ना तुम हो पास, ना हाथ में जाम है,
ये शाम भी कोई शाम है क्या

तेरा ज़िक्र, तेरी याद, तेरी मुहब्बत,
अब इनके सिवा हम पे और कोई काम है क्या

कईयों ने दी मुबारकें मेरी तरक्की पे,
पर जो तुझ से ना आया वो पैग़ाम है क्या

पता नहीं ज़माने को कि किस पे मरते हैं हम,
हमारे होंठों पे कभी आया तेरा नाम है क्या

मर के भी ना मर पाऊँगा मैं शायद क्यों कि,
जो तेरे हाथों ना मिला वो अंजाम है क्या

17.

गुलाबी सर्दी की ठन्डी सुबह में,
मिट्टी के चूल्हे पर बनी
पहली गरमा गरम चाय हो तुम

मैं बरसों का भटका मुसाफिर और
सुनसान बियाबान में चमकती,
इकलौती सराय हो तुम

खुद को बना के मंज़िल मेरी,
मुझे बेरहम दुनिया के तानों से
बचा कर अपने पास लाए हो तुम

और जब छोड़ कर दुनिया को,
अपना लिया तुम्हें, तो फिर कैसे मान लें,
पराए हो तुम।

18.

मुहब्बत वालों की जान पे बन आती है,
और ज़माने को इक नये फ़साने की आस रहती है।

तेरे साथ गुज़ारे हर पल का हिसाब रखा मैनें,
पर तेरे बिना तो मेरी रूह भी बदहवास रहती है।

तेरा दीदार गर्मियों में भी बर्फ सी राहत देता है,
तुझ से दूर होने पे सावन में भी प्यास रहती है।

तुझ से ही आती है मेरी अमावस में रौनक,
तेरे बिन तो मेरी चौदहवीं की रात भी उदास रहती है।

इक नशा सा होता है तुझ से दो बातें कर के,
जिन से मेरे लबों पे इक नमकीन सी मिठास रहती है।

और निभाने वाला तो हर हाल में निभाता है,
जाने वाले को ही बस इक बहाने की तलाश रहती है।

19.

साथ तो मेरे बैठा है वो, पर किसी और के क़रीब है
अपना सा लगता है पर, किसी और का नसीब है।

जो इक बार उसे भर लिया आँखों में,
फिर ना आँख भर के देखा, ये मेरी तहज़ीब है

मेरी हर बात का जवाब है उस के पास,
बस जज़्बात नहीं समझता, ऐसा मेरा हबीब है

जो हो जाए शामिल ज़िन्दगी में तो हम सा अमीर ना कोई,
वरना तो जहाँ में कहाँ कोई हम सा गरीब है।

20.

रखा था सर आँखों पे कि ज़िन्दगी भर ना उन्हें छोड़ेंगे,
पर नहीं पता था,
वो ऐसा सब के साथ करते हैं।

खेल मान कर मेरी मुहब्बत को,
ना जज़्बात समझे, ना रिश्ता निभाया,
बस हक़ जमाने की बात करते हैं।

मान मेरा कहा, मत कर ज़िद,
संभल जा ऐ दिल, वो बड़े लोग हैं,
अपनी मर्ज़ी से बात करते हैं।

21.

जो तेरी फिक्र करे, कद्र करे, उसे खुद से ना दूर करो
टूट जाए तुम्हारी मुहब्बत में,
उसे इतना भी ना मजबूर करो।

उस इश्क़ की सच्चाई खत्म हो तुम्हारी बेरूखी से
कसम से, ऐसा ना बिल्कुल,
ऐ मेरे हुज़ूर करो

सारी दुनिया छोड़, अपने सपनों को तोड़, जो चाहे सिर्फ तुम्हें,
ऐसे माशूक के इश्क पे थोड़ा तो ग़ुरूर करो।

माना के बहुत हैं इस रंग रूप पे मिटने वाले,
पर कोई करेगा ना प्यार हम सा भी,
इस बात पे भी थोड़ा गौर ज़रूर करो।

22.

मन का खेल भी कितना निराला है,
उसी के पीछे जाता है,
जिसने अपने मन से हमें निकाला है।

उसे पसंद ही नहीं है हमारी आदतें,
जिसके लिए हमने खुद को
उसके रंग में ढाला है।

उसी की बातें, उसी की यादें,
उसी के ख्याल निकले,
हमने जब भी अपने मन को खंगाला है।

उसके बिना तपती दोपहर भी अंधेरी है,
उसके संग अमावस की स्याह रात में भी
पूरे चाँद का उजाला है।

और जिसे हमने छुपा के रखा था
दुनिया से अब तक, उसी ने जहाँ में
हमें मज़ाक बना के उछाला है।

23.

अब मैं अपने आप पे भरोसा नहीं करता हूँ
क्यों कि मैं खुद को भी धोखे में रखता हूँ।

उस से मिल कर बेहद हदें पार करी थी मैनें,
उसी ने सीखा दिया, सो, अब अपनी हद में रहता हूँ।

वो कभी डरा ही नहीं मुझे खोने से,
और मैं आज भी उसे खोने पे अफसोस करता हूँ।

जब खुद पे बीतेगी तो समझेगा वो शायद,
क्यों लटकते हैं पखों से लोग, मैं भी अभी समझा हूँ।

पर अब नहीं रही शिकायतें उस से मुझे,
वो दुनिया को खुश रखता है, उसे देख कर ही खुश रहता हूँ।

ख़ुदा उनको और उनके ग़ुरूर को सलामत रखे,
मैं तो पहले भी था, और अब भी तन्हा ही रहता हूँ।

24.

प्यार, खुशी, सुकून, अपनापन
उन की एक झलक से सब मिल जाता है
दुनिया भर के ग़म भूल जाता हूँ
जब उनका ख्याल मेरे ज़हन में आता है।

इन गहरी आंखों की मदहोशी के आगे
सारे मयख़ानों का नशा भी कम पड़ जाता है

काट देता है सारे जहान के तानों का ज़हर,
उन की आवाज़ का शहद वो असर दिखाता है।
संगमरमर की मूरत में जान डाल कर,
वो संगतराश भी खुद पे यकीन नहीं कर पाता है।

ग़ुरूर इतना कि कोई आता नहीं सामने,
और हो भी क्यों ना,
उपर वाला भी इन्हें बना के खूब इतराता है।

25.

कुछ यूँ चल रही है मेरे इश्क़ की दास्तान,
समझता नहीं है वो मेरी खामोशी को
और बयां मैं कर पाता नहीं

अपने ही किसी जहां में, बस वो है,
मैं हूँ और तीसरा ना कोई
इसके सिवा, ख़्वाब कोई दूसरा मुझे आता नहीं

उसका मुझे देखना, फिर मुस्कुराना
और शरमाना क़सम से,
इसके बाद दिल और कुछ देखना चाहता नहीं

खामोश सी मुहब्बत है,
कोई शोर शराबा नहीं करता हूं शायद इसलिए ही,
उसका ध्यान मेरी तरफ आता नहीं

हज़ारों परवाने हैं उस शमा पे मिटने वाले
क्यों कि ख़ुदा ऐसी शमा अब,
रोज़ रोज़ बनाता नहीं

26.

जितना हक़ समझा तुम पर,
उतना भी नहीं जता पाता हूँ
सब कुछ कहना चाहा मगर,
कुछ नहीं बता पाता हूँ।

तुम्हारे इतना करीब आके भी,
खुद को तुम से दूर पाता हूँ।
थक गया अब मैं चलते चलते,
तुम में ही कहीं ठहरना चाहता हूँ।

मेरी ख़ामोशी तुम समझ लो,
ऐसा इक रिश्ता तुम से बनाना चाहता हूँ।
बहुत माँगा है दुआओं में तुम्हें,
अब तुम्हारी दुआ बनना चाहता हूँ।

डर रहा हूँ किसी और के भी करीब जाने से,
बस अब तेरी ही रूह में समाना चाहता हूँ
तुझे मुझ से मुहब्बत नहीं, ना सही,
बस तेरे पास होने का भरम बनाए रखना चाहता हूँ

27.

ना दौलत मांगी थी, ना जायदाद,
मुहब्बत कर के, मुहब्बत की आस की थी,
हक़ समझा था, कोई खैरात तो नहीं।

जो तेरे नाम ना हो, ऐसी कोई साँस नहीं,
तुझे ना चाहूँ ऐसा लम्हा ना आया कभी,
भुला दूँ तुझे, ऐसी मेरी औकात तो नहीं।

उम्र भर का साथ नहीं ना सही,
कुछ पल तो हमारे साथ गुज़ारते,
अब इतने भी बुरे हमारे हालात तो नहीं।

पुराने दोस्त, अधूरी मुहब्बत,
एक एक कर सब याद आ रहे हैं मुझे,
कहीं ये आज मेरी आखिरी रात तो नहीं

28.

मैं तो चाहता हूँ तुम्हारी मुहब्बत नसीब हो तुम्हें
ठुकराए जाने का सदमा तुम बरदाश्त ना कर पाओगे
जो हमने सहा है ग़म तुम्हें ना पाने का
तुम उस ग़म-ए-दौरा से ना गुज़र पाओगे

जो हाथ उठे थे तुम्हें थामने को,
जिन्हें झटक दिया था तुमने,
उसी मोड़ पर मिलेंगे हमेशा ही,
वापिस जो कभी इस डगर आओगे।

जिन सांसों पे था नाम सिर्फ तुम्हारा,
जो दिल धड़कता था तुम्हारी ख़ातिर,
है आज भी उनपे इख्तियार तुम्हारा,
ले जाना उन्हें जब भी इधर आओगे।

29.

सह कर दुनिया भर के ग़म भी,
वो शख़्स कभी ख़फ़ा नहीं होता
उसकी भी रही होंगी कुछ मजबूरियाँ,
यूँ ही कोई बेवफ़ा नहीं होता।

चोटें बहुत लगती हैं मुहब्बत में,
अरमानों का क़त्ल भी होता है
फिर भी ये दिल का मामला है जनाब,
आसानी से रफ़ा-दफ़ा नहीं होता।

इश्क़ की दास्तान संभल कर मिटाना,
अच्छे अच्छे इसमें चूक जाते हैं
हर एक हर्फ़ है खून से भरा
ये पन्ना पानी से सफा नहीं होता।

30.

नहीं चाहता भूलना तेरी बातों को
भले कितना भी दर्द दें मुझ को
क्यों कि यही तो हैं जो मरते दम तक
जोड़े रखेगीं तुझ से मुझ को

आँखों में अब भी आ तो जाते हैं
ख़्वाब जो देखे थे तेरे संग
आँसूओं संग बह जाते हैं अब,
बस याद करते करते तुझ को

धड़कनें भी साथ छोड़ने को
तैयार बैठी हैं कब से,
दिल भी, दबी आवाज़ में ही सही
शिकायतें तो करता है मुझ को

कितना तड़प कर रूह निकली मेरी,
सब आ कर बताएँगे तुझ को
लाख सैलाब आए तेरे आँसूओं का
ना ढूंढ पाऐंगे मेरी मिट्टी में मुझ को

31.

अब नहीं मिलते तुम हम से
अपनी पहली मुलाकात की तरह
बिगड़े से रहते हो हमेशा
ज़िंदगी के हालात की तरह

तुम हँसती हो तो शामें रंगीन हैं,
नज़रों की चमक से, देख लो,
अमावस भी हो जाती है
चौदहवीं की रात की तरह

जानते हो चाहते हैं तुमको
हम अपनी जान से भी ज़्यादा,
फिर भी हमारे जज़्बात हैं
बेमतलब की बात की तरह

तुमसे मिलने को इतना तरसे
एक एक पल सदियों सा बीता
और तुमने जब ठीक समझा, वक़्त दिया तो,
वो भी ख़ैरात की तरह

32.

आँखों में आ के बसे हो यूँ जैसे,
फूलों की खुश्बू बाग में बस जाए
तुझे ऐसी नज़र से देखा मैनें डरते डरते
कि कहीं तुझे मेरी ही नज़र ना लग जाए

इस वजह से रोक लेता हूँ खुद को तेरा हाथ पकड़ने से
कि मेरे छूने भर से ही तुझ पर
कहीं कोई दाग़ ना लग जाए

वैसे तो भरोसा नहीं है किस्मत पर मुझे
पर क्या पता तेरे जुड़ने से
मेरे सितारे भी गर्दिश से निकल जाए

मेरे जज़्बातों को तू समझ ले
तो मुमकिन है मेरी ये ज़िंदगी
यूँ बेमतलब ज़ाया होने से बच जाए

जो ना हो पाए एक दूजे के इस ज़िंदगी में
तो भी इक उम्मीद होगी
कि मरने के बाद तो ऐ ख़ुदा हम मिल जाए

33.

शिक़वा इतना है कि किताब लिख दूँ
सब्र इतना कि इक लफ़्ज़ भी ना कहूँ

मुहब्बत ऐसी जिसकी कोई मिसाल नहीं
सारी दुनिया को तेरे पैरों तले कर दूँ

और एहतराम इतना तेरी रुसवाई का
कि तुझसे ही ना इज़हार करूँ

जो हो रहे हैं क़त्ल तेरी नज़रों से दुनिया में
सोचता हूँ उनके इलज़ाम अपने सर ले लूँ

जो ना हो सके मैं और तुम अगर हम
समझा ना पाऊँगा खुद को, शिक़ायत कहाँ और किस से करूँ

बिलकुल भी ना बन पाएगी ज़िन्दगी से
माफ़ कर देना, अगर बिन बताए चला जाऊँ

34.

आज सुबह चल दिए हम यार की गली,
सोचा कोहरे में शायद उनसे ही टकरा जाएं।

उनकी छत पर दिखा था इक साया सा,
वो ही थे या वहम हमारा, हम जान ही ना पाए।

ना वो घर से निकले, ना सूरज आसमाँ में,
और हम मोड़ तक जा कर कई बार लौट आए।

दोपहर से सांझ और सांझ से शाम हुई,
फिर भी महबूब का दीदार हम ना कर पाए।

रात भर बेचैन सी एक उम्मीद बांधेगें,
कि अगली सुबह फिर कोहरे के साथ आए।

35.

छोड़ गये वो मुझे, पर अब भी मुझे उनकी याद आती है।
बुरी आदत जो बन गये थे, कहाँ आसानी से छोड़ के जाती है।

तुम से क्या शिक़वे, कैसी शिक़ायतें करूँ
ये तक़लीफ़ें तो मेरी अपनी ही उम्मीदें देके जाती हैं।

एक मैं था जो तुम्हें खोने के ख़्याल से भी कांप जाता था,
और एक तुम हो, मुझे खो कर भी जिसे, आराम से नींद आ जाती है।

कोई था जो किसी का हो कर भी उसे पा न सका,
ये अधूरी कहानी तो मेरा ही हाल बयां करती जाती है।

मैं कुछ कर गुज़र भी गया तो उसे फिक्र ना हुई,
हाँ मेरे मरने की खबर सुन कर शायद वो कुछ ठहर जाती है।

क्यों रो पड़ता था वो शख़्स छोटी छोटी बातों पे भी,
ये बात अब अंदर ही अंदर उसे खाए जाती है।

36.

रंग रूप में औसत थी, सूरत देखी भाली थी
पर उसकी सादगी हमें कुछ ऐसे बेहाल कर गई
ना आँखों में काजल था, ना होंठों पे लाली थी
बस माथे पे एक छोटी सी बिंदी कमाल कर गई।

भूल कर भी भूल ना पाए कोई उसे,
ऐसी कामयाब वो कायम मिसाल कर गई

क्षण पहर दिन महीने छोड़ो आप,
वो अपने नाम, मेरे जीवन के सारे साल कर गई।

चांदी सोना हीरे जवाहारात क्या हैं उसके आगे
मेरी हो के वो मुझे, दुनिया भर की दौलत से मालामाल कर गई।

37.

जाड़े की रातें और सर्द हो जाती हैं
यह अहसास होता है जब,
कि उसके आग़ोश की गरमाईश हमें
कभी नसीब ना होगी अब

ना जाने कितने आएंगें और
जाएंगें इस ज़िंदगी में
पर उसकी परछांई भी मेरे
कभी करीब ना होगी अब

उसके ख्याल, उसकी यादें,
यही मिलेंगें अब हमें
उसके बिन उस से मुलाकात
कुछ अजीब सी होगी अब

सब तो हैं यहाँ, बस उसकी कमी है
समां वैसा ही है, आँखों में बस नमी है
हर चीज़ है पहले जैसी बस,
जैसे बेतरतीब सी होगी अब

३८.

मैं जानता हूँ तुम परेशान हो,
मायूस हो, किसी को खोने से

अपने तजुर्बे से कह रहा हूँ,
कुछ नहीं होगा यूँ रोने से

ये ग़म भी बड़ा संगदिल है,
ना जाएगा ये पलकें भीगोने से

तुम ये ना समझना कि कोई नहीं आएगा
जहाँ के किसी भी कोने से

बस ये जान लो कि फर्क पड़ता है
किसी को तुम्हारे ना होने से

३९.

खंजर है तुम्हारे हाथ में
कत्ल भी तुम ही करते हो
दिल हमारा बना शिकार मगर,
शिकायत भी तुम ही करते हो

तुम्हारी मुस्कुराहट से बेहाल
और तीखे नैनों से घायल हुए
इस कदर प्यार से वार
बस तुम ही करते हो

मेरी ज़िंदगी पे हक़ सिर्फ तुम्हारा है
तुम हो तो मैं हूँ
मेरे दिलो दिमाग पे सनम
असर तुम ही करते हो

मेरे दिल को सूकून मिला तुम से
पर अब लगता है जैसे
चैन तुम से तो है पर
बेचैन भी तुम ही करते हो

40.

जाए चाहे कहीं भी ये दिल, तुम तक ही पहुंचेगा
रास्ता मुश्किल तो है पर दिल मंज़िल ढूँढ ही लेगा।

यूँ तो दुनिया भर से कभी ना कभी, कुछ ना कुछ, ताल्लुक रहा मेरा
पर सिर्फ तुझ से ही बस हर जनम में रिश्ता जुड़ेगा

तेरी ज़ुल्फ़ों तले बैठ कर सुकून मिलता है मुझ को
बेचैन रहूँगा तुम से दूर हो कर
धड़कनों पे ना काबू रहेगा

प्यार कैसे हुआ, कब हुआ, कुछ पता नहीं, इसके सिवा कि
तुम से हुआ, तुम से है और
उम्र भर तुम से रहेगा

41.

तेरे हर ग़म का क़त्ल कर
मैं ये सज़ा पाना चाहता हूँ
तेरी हसीन ज़ुल्फ़ों के फंदे पे
हमेशा के लिए झूल जाना चाहता हूँ

तानों के नश्तर चुभो चुभो कर
जो दिए हैं इस बेरहम दुनिया ने
तेरी साँसों की खुश्बू के नशे में
वो सभी दर्द भूल जाना चाहता हूँ

जिन का भरम फैला कर
रोकता है जहाँ तुझ से मिलने से
मैं उन सभी रस्मो रिवाजों को
उन कस्मों वादों को
बेफ़िज़ूल करना चाहता हूँ

तेरे संग तो मैं दुनिया का
हर सितम सह जाऊँगा
तेरे बिना लेकिन मैं सिर्फ
मौत कुबूल करना चाहता हूँ।

42.

तुम्हें देख कर आज भी
बस़ देखता ही रह गया
एक सिहरन सी दौड़ रही है
बदन में, जब से तुम्हें छुआ है

यूँ तो सांसें ले रहा था मैं
जीना मगर बेमतलब सा था
तुम से मिला तो आया यकीन
मेरे होने का मकसद पूरा हुआ है

तुम्हारे साथ होने से ज़िन्दगी
बहती है चंचल नदी सी
तुम्हारी ग़ैरमौजूदगी में
वजूद मेरा, एक अंधा कुआँ है।

अब तो तुम भी पूछो लो
कभी आ कर हाल हमारा
हमें भी तो मौका दो कभी
कहने का, 'आपकी दुआ है'।

43.

इश्क़ किया तो है हमने बेहद उनसे मगर
हमसे कमबख्त इश्क़ जताया नहीं जाता

यूँ तो बातें दुनिया भर की होती हैं उनसे
बस असल मसला ही बताया नहीं जाता

क्या करेंगें उन्हें अपने पास बुला कर
जब दिल का हाल उन्हें दिखाया नहीं जाता

काश वो खुद समझ लें हमारे जज़्बात
हमसे उन्हें कुछ भी समझाया नहीं जाता

44.

कुछ गुमसुम सी रहती है वो लड़की
जो महफिलों की जान होती थी
ना जाने कहाँ खो गई हँसी की खनक
जो बस उसकी पहचान होती थी

इन उदास सूनी आँखों में तब न जाने
कितने ही ख़्वाबों की कमान होती थी
होंठ तो तब भी ख़ामोश ही रहते थे
सारी बातें बस निगाहों से बयां होती थी

इन होंठों का क्या कहूँ जलवा क्या था
शायरी तो तब इन्ही का बखान होती थी
उनके तबस्सुम से ही बदलती थी फिज़ा
जो बसंत के आमद का एलान होती थी

ना जाने अब किसकी राह देखती है वो
जिसका बहारें भी एहतराम करती थी
बस बैठी रहती है वो, एक टक देखते हुए
हवाओं से तेज़ जिसकी उड़ान होती थी

अब और सहा नहीं जाता मुझसे
पता है मुझे, वजूद से मेरे इंकार था उसे
फिर भी दुआ है मेरी उसे मिल जाए वो
जिसके इंतज़ार में खुद को खो चुकी थी

वो फिर से हो जाए वैसी
जैसी वो पहले होती थी
और मुझे मिल जाए वापस मेरी
एकतरफा ही सही, जो मुहब्बत होती थी

45.

वो कहते थे हर शाम पूछेंगें हाल तुम्हारा
या वो बदल गये, या उनके यहाँ शाम नहीं होती

जब से वो छोड़ गये हमारे शहर को
दिवाली पे अब पहले सी धूम-धाम नहीं होती

बैठ गये बाज़ार में, उन्हें पैग़ाम भेज कर
कि आ जाओ, बिना मालिक के कोई चीज़ नीलाम नहीं होती

वादा नहीं, बस कोशिश है उन्हें देखे बिना ना मरने की
सुना है शायरों से कि कोशिशें नाकाम नहीं होती

46.

ना जवाब दे, ना सवाल कर
तू बस छोड़ दे मुझे, मेरे हाल पर
तू ही बता, क्या मिलेगा तुझे
मुझे उलझनों में डाल कर

जानता हूँ तू भी बदल जाएगा
मुझ को खुद में ढाल कर

तुझे तेरे जैसा ही ना मिल जाए कहीं
दिलबर ढूंढना ज़रा देख भाल कर

जा नहीं कहूंगा तेरी बेवफाई की दास्तां
तू यूँ अपने गाल ना शर्म से लाल कर

मिले कोई मुझसे बेहतर इश्क करने वाला
दे देना उसे मेरा दिलो जिगर निकाल कर
कि वहाँ तुम ही तो बसते हो
वो रखेगा ज़रूर उन्हें संभाल कर

47.

जो गुज़र गई है ज़िंदगी
उसे तू याद ना कर

जो है नहीं तकदीर में
उसकी फरयाद ना कर

आने वाली बेचैनी भी सह लेगें
उसके लिए आज सूकून बरबाद ना कर

ये जान ले कि वो आएगा अपनी मर्ज़ी से
तू सब्र रख, आरज़ू-ओ-मुराद ना कर

ज़रूरी नहीं वो मिल जाए तुझे
गीली मिट्टी को घर की बुनियाद ना कर

48.

अगर मैं कहूँ कि उदास हूँ,
तो आके मुझसे मिलोगे क्या
ज़ख्म हैं कई, और गहरे भी
तो ज़ख्म ये मेरे सिलोगे क्या

इस रंज की दुनिया से निजात दिला दो
इन सब से दूर, संग मेरे चलोगे क्या

कीमत दे कर अपने साथ की मुझे,
मुझ से मेरी मुहब्बत खरीदोगे क्या

और इस जहाँ में जो पहले ना हुई
मेरे साथ ऐसे इश्क की दास्तां लिखोगे क्या

49.

उनका कुछ ही देर के लिए आना,
लम्बी गुफ्तगू के मौके नहीं देता
और उनका हमारे ख्वाबों से ना जाना,
हमें हर रात सोने नहीं देता

ना इक़रार करते हैं ना इंकार
उनका यूँ असमंजस में रहना
हमें उनसे जुड़े रहने के
कुछ नए से ख्वाब संजोने नहीं देता

उनकी आँखों की गहराई से
ज़्यादा गहरा समंदर नहीं जहाँ में
ऐसा कौन है दुनिया में जो खुद को
इन आँखों में डुबोने नहीं देता

50.

दिल तो अमीर है पर
मेरा मुकद्दर गरीब है
मैं तो अच्छा हूँ मगर
बुरा मेरा नसीब है

भले ही उसे मैनें कभी
गले ना लगाया फिर भी
वो शख्स मेरे दिल के
बहुत करीब है

जी भर के उसे देखना
चाहता तो हूँ मगर
उसके सामने ये नज़रें
झुक जाती है, कैसी तहज़ीब है

इतनी बेचैनी है पर हम
कर कुछ नहीं पाते
दिल जल रहा है और
समंदर भी करीब है।

Printed by Libri Plureos GmbH in Hamburg,
Germany